青森の八戸にある小さな本屋さんの

猫がかわいいポップの本

いらっしゃいませ！本書を手に取っていただき、誠にありがとうございます

著者のポプ担です

木村書店は青木林県・八戸市海の近くにある

小さな本屋さんです

このへW！

K・i・M・U・R・A

店頭での本の販売や市内配達もしており、

こんにちは！

ポプ担さんこんにちは〜

地元の方からは昔からある書店として親しみを込めて「きむしょ」と呼ばれています

お店の中には手描きのポップ付オススメ本コーナーがあり、

木村書店オリジナルキャラクター「きむねこ」ポップを沢山並べています

読むのが好き、そして読書の楽しさを面白く伝えたい…

本書は書店員が愛を込めて描いた「ポップ＋本」の本

ポプ担の日常まんが「ポップ担当日記」も一緒にお楽しみ下さい

フフフ…

それではごゆっくりどうぞ♪

目次

名前:きむねこ
生年月日:1927年2月2日
特徴:ページをめくりやすいぷにぷにの肉球
好きなこと:大好きな本を紹介すること

木村書店の創業日が昭和2年2月2日、2が3つで「にゃんにゃんにゃん」を連想して猫のキャラクターになりました。創業よりずっと木村書店にいる、本が集まる場所そのものに懐いている妖精のような存在です。好きなことは、大好きな本を紹介すること。今日も手描きポップの中で素敵な本とお客様との出会いをお手伝いします。

※書籍のデータはすべて2021年3月の情報です。書籍によっては品切れ・電子版のみ等の場合があります。
※木村書店の店頭に在庫がない場合・手描きのポップがついていないこともあります。
※ポップの在庫状態に関しての店舗への問い合わせはご容赦ください。

【夏がきた】
作:羽尻 利門
あすなろ書房

読むたびに心に夏が来る

【おめんです】

作：いしかわこうじ
偕成社

開くと…

つけてはずして！
当てて笑って！
日本のおめんは
おもしろくてかっこいい!!

【わたしのわごむはわたさない】
作：ヨシタケシンスケ
PHP研究所

「わたしだけのもの」から
ひろがるわくわく。

【田尻智 ポケモンをつくった男 小学館版 学習まんが人物館**】**
まんが：田中顕　構成：菊田洋之　解説：宮本茂
小学館

【ジム・ボタンの機関車大旅行】

作：ミヒャエル・エンデ　訳：上田 真而子
岩波書店

親友と、生きた機関車にのって
お姫さまを救い出す！
男の子のワクワクが全部つまった
ファンタジーです。

【神秘の島（上・下）】

作：ジュール・ベルヌ　訳：清水正和　画：ジュール・デカルト・フェラ
福音館書店

ポップ担当日記 ①

この本があれば
急にデスゲームに巻き込まれたり
チート無しで異世界に転生しても
安心ねジョン!!

HAHAHA

その通りさ
ステファニー!!

【図解!! 生き残るためのやりかた大百科】

作：Joseph Pred　訳：和田 侑子
パイインターナショナル

「かわいい」と思った
瞬間からのら猫拳は
効いているのだーッッ

ニョワーッ

のら猫拳

【のら猫拳】

写真：アクセント
エムディエヌコーポレーション

【魔法使いたちの料理帳】
作：オーレリア・ボーボミエ　訳：田中 裕子
原書房

【ビーチコーミングをはじめよう】

作：山田 海人
エムピージェー

【図解 なんかへんな生きもの】

絵・文：ぬまがさワタリ
光文社

ポップ担当日記②

くう・ねる・のぐそ
自然に「愛」のお返しを

伊沢正名

【くう・ねる・のぐそ】

作:伊沢正名
山と溪谷社

NATIONAL GEOGRAPHIC

ナショジオが行ってみた
究極の洞窟

【ナショジオが行ってみた 究極の洞窟】

編著:ナショナルジオグラフィック
日経ナショナルジオグラフィック社

そこから2年ほどは帰宅後お絵かきをする日々……

ラクガキちょう♪♪♪

2017年からやっとお店のポップを描きはじめました

画材も決まりました

木村書店の公式ツイッターも開設し、定休日以外は一日一冊のペースで本紹介をしています

八戸市 木村書店 @kimurasyotenn1

ポップの為に始めたお絵かきも、今では大切な趣味に♪

休日はたのしくおえかき

毎日たのしいポップ担です!

【ころべばいいのに】
作：ヨシタケシンスケ
ブロンズ新社

心の中にしまいこむより
取り出して考えてみる
「きらいなきもち」

【友だち幻想】

作：菅野仁
筑摩書房

中高生にオススメ！

「どんな人とも仲良くなんて、大人でも大変な事だから」

小悩める君へ、
232人の応援団！！

【マンガでわかる！　10代に伝えたい名言集】

文：定政敬子　絵：北谷彩夏
大和書房

【いとしいたべもの】
作:森下典子
文藝春秋

文春文庫

本を読めなく
なった
人のための
読書論　若松英輔

【本を読めなくなった人のための読書論】
作：若松英輔
亜紀書房

ポップ担当日記 ③

【昭和懐かし自販機巡礼】

作:魚谷祐介

辰巳出版

【日本懐かしおまけ大全】

辰巳出版

いつのまにか
ポケットからいなくなった、
たからものたち。

【まだある。こども歳時記　夏休み編】
作：はつみ けんいち
大空出版

心の奥から
ひっぱり出す
あのころの
夏休み。

ポップ担当日記 ④

みんな大好き、飲める
エメラルド
宝石 おまたせしました！

【クリームソーダ純喫茶めぐり】
作：難波里奈
グラフィック社

あのとき、あの人と、あの場所で、
おいしかったなぁ、
あのアイス。

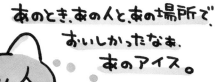

アイスの旅
甲斐みのり

【アイスの旅】
作：甲斐みのり
グラフィック社

【'80Sガーリーデザインコレクション】

著:ゆかしなもん
グラフィック社

【おひとりさまのあったか1ヶ月食費2万円生活】

作：おづまりこ
KADOKAWA

あったかいもの作って食べると、やっぱりなんだか元気になるの。

【よむお酒】
作：パリッコ／スズキナオ
イースト・プレス

【力尽きレシピ】
作：犬飼つな
光文社

本書のポップを描きながら説明します！

まず、その本の好きな所をざっくり紙に書きます

どんな言葉をポップにするか決まったら

マルをつけたワードで！

その言葉に合わせたきむねこちゃんを描きます

今回は書店員さんのエプロンをつけてもらいました

これで下描きが完成です

本描き用の紙を上に置いてトレース台で照らし

光る！

主線をなぞり描きします

これは後々ファイリングします

ビロードのうさぎ

マージェリィ・W・ビアンコ/原作
酒井駒子/絵・抄訳
The Velveteen Rabbit

ブロンズ新社

【ビロードのうさぎ】

原作：マージェリィ・W・ビアンコ　絵・抄訳：酒井駒子
ブロンズ新社

大人になった今でも

わすれられない
おもちゃは
いますか？

【のにっき】
作：近藤薫美子
アリス館

【おかあさんはね】

ぶん：エイミー・クラウス・ローゼンタール　え：トム・リヒテンヘルド　やく：高橋久美子
マイクロマガジン社

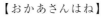

【イマジナリーフレンドと】

作：ミシェル・クエヴァス　訳：杉田七重
小学館

きみにも、あのこにも。過去にも、未来にも。

【最後のドラゴン】

作：ガレット・ワイヤー　訳：三辺律子

あすなろ書房

礼儀正しく 穏やかで 優しい。
私の、
はじめての友達。

きっと学校じゃなくてもいい。
同い年じゃなくてもいい。
見た目はぜんぜんちがっていい。

親友との出会いって。

ともだちは
海のにおい

工藤直子
長新太〈絵〉

【ともだちは海のにおい】

作：工藤直子　絵：長新太
理論社

きっと学校じゃなくてもいい。
同い年じゃなくてもいい。
見た目はぜんぜんちがっていい。

親友との出会いって。

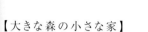

【大きな森の小さな家】

作：ローラ・インガルス・ワイルダー　画：ガース・ウィリアムズ　訳：恩地三保子
福音館書店

ミオよ わたしのミオ

アストリッド・リンドグレーン作
大塚勇三訳

【ミオよわたしのミオ】

作：アストリッド・リンドグレーン　訳：大塚勇三
岩波書店

ポップ担当日記⑤

西の魔女が死んだ

梨木香歩

新潮文庫

【西の魔女が死んだ】

作：梨木香歩
新潮社

いろんな想いを
ひきつれて。

今日も
一日
きみを
見てた

角田
光代

ねこがわが家にやってきた。

喜び、発見、驚き

いろんな想いを
ひきつれて。

【今日も一日きみを見てた】
作：角田光代
KADOKAWA

たべてるとこ
みてていいよ。

たべてるとこ、
みてていいよ。

【動物mg図鑑】
写真・文：松原卓二
小学館

【おやじネコは縞模様】
作：群ようこ
文藝春秋

ポップ担当日記⑥

【百貨の魔法】

作:村山早紀
ポプラ社

この百貨店で、優しい魔法とともにあなたをお待ちしております。

ぼろぼろになるまで愛された
ぬいぐるみの写真集。

きみとあの子も
ずっといっしょに
いられますように。

【愛されすぎたぬいぐるみたち】

写真・文：マーク・ニクソン　訳：金井真弓
オークラ出版

いつか命の
ゆりかごになる

この世界に
いるものは

【生き物はどのように土にかえるのか】

作：大園享司
ベレ出版

ポップ担当日記 ⑦

【言の葉連想辞典】
編：遊泳舎　絵：あわい
遊泳舎

耳に入る言葉よりずっと口にする言葉は自由。

開くと…

【よるのばけもの】
作：住野よる
双葉社

コラム 定休日のお知らせ

もともと定休日については、ツイッター上で前日夜に文章だけで
「〇日は定休日です」とお知らせしていました。
ですが、せっかくならイラストで、
お客様に定休日のお知らせまで楽しんでいただきたいという
思いから生まれたのがカッパのキャラクター、「カパたん」です。
人間の文化を知るため、カッパ村からポプ担宅に
ホームステイしている女の子カッパです。
イラストとともにプチまんがも「#ポプたんとカパたん」という
タグ付きで更新しています。

第 **4** 章

未知の世界にわくわくする本

【せかいいちのいちご】
作：林木林　絵：庄野ナホコ
小さい書房

Michi

【Michi】
作：junaida
福音館書店

物語は君が指でなぞる道の上にかいてある。

【の】

作：junaida

福音館書店

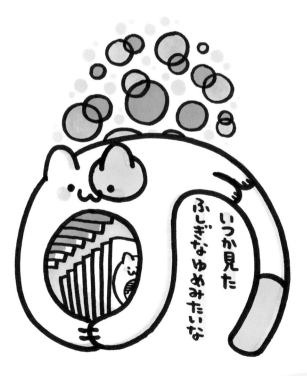

【マイク】
作：アンドリュー・ノリス　訳：最所篤子
小学館

【バレエシューズ】

作：ノエル・ストレトフィールド　訳：朽木祥　画：金子恵
福音館書店

クルミわりとネズミの王さま

ホフマン作
上田真而子訳

【クルミわりとネズミの王さま】

作:ホフマン　訳:上田 真而子
岩波書店

やがてわたしは
あなたのもの。

【イナバさん！】

作：野見山響子
理論社

ポップ担当日記 ⑧

【河童が覗いたインド】

作：妹尾河童
新潮社

「インド旅行中の
人から届いた手描きの
おてがみ」的なおもしろさ！

ひらいでびっくり
文字まで全部手描きです

……!!

【ミッキーマウスの憂鬱】

作：松岡圭祐
新潮社

新潮文庫

ヒエログリフ
を書いてみよう読んでみよう

古代エジプト文字への招待

松本 弥

【ヒエログリフを書いてみよう 読んでみよう】

作：松本 弥
白水社

白水社

【ほぼ命がけサメ図鑑】

作：沼口麻子
講談社

【Jewels in the night sea 神秘のプランクトン】

作：峯水 亮
日経ナショナル ジオグラフィック社

【鉱物のお菓子】
作：さとうかよこ　レシピレクチャー：きらら舎、シャララ舎、アドリア洋菓子店
玄光社

【チリモン博物誌】
作：きしわだ自然友の会
幻戯書房

チリメンジャコに入っている
ジャコ以外のもの…
それがチリモンじゃ!!
海のモンスター探しは
楽しいぞ!!

そして
うまい♪♪

大人が
ハマる

【世界で一番美しいかくれんぼ】

作：文：アンナ・レヴィン　訳：西本かおる
小学館

世界で一番美しい
かくれんぼ
Hidden in Nature

アンナ・レヴィン［文］　西本かおる［訳］

生き残るための
進化の美しさに
ほれぼれする写真集。

第 **5** 章

かなしみやさみしさとともにある本

さよならトンボ
石亀泰郎

文化出版局

【さよならトンボ】
作：石亀泰郎
文化出版局

君は今
どちらの世界の
空を見ているんだろう。

ウラオモテヤマネコ
絵と文／井上奈奈

Insideout wild cat / Nana Inoue

【ウラオモテヤマネコ】
絵と文：井上奈奈
堀之内出版

君は今
どちらの
世界の
空を見ているんだろう。

070

時の旅人

アリソン・アトリー作
松野正子訳

【時の旅人】

作：アリソン アトリー　訳：松野 正子
岩波書店

血を手繰り寄せ、
命を遡る。

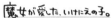

【月の光を飲んだ少女】
作：ケリー・バーンヒル　訳：佐藤見果夢
評論社

ポップ担当日記 ⑨

【静かな雨】
作：宮下奈都
文藝春秋

息苦しさのスキマ、鏡の中のふしぎなお城で、私達は探しものをする。

【かがみの孤城】
作：辻村深月
ポプラ社

息苦しさのスキマ、鏡の中のふしぎなお城で、私達は探しものをする。

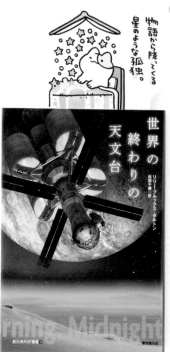

【世界の終わりの天文台】
作：リリー・ブルックス＝ダルトン　訳：佐田千織
東京創元社

物語から降ってくる
星のような孤独。

百花

hyakka
Kawamura Genki

川村元気

【百花】

作：川村元気
文藝春秋

母が手放してゆくにつれ、浮かびあがる温もりと、痛み。

誰かと一緒にいたいけど
心のやわらかい部分が
傷ついたらどうしよう。

【ハリネズミの願い】
作：トーン・テレヘン　訳：長山さき
新潮社

一瞬で、
永遠だった、
小学五年生の
なつやすみ。

【しずかな日々】
作：椰月美智子
講談社

レジの前にも…

本以外の商品にもポップがついていることが。
レジ前のお菓子にもついてます!

帰り道の
おくちの中に、
しゅわしゅわ
ころん♪

うまみジュワッと!
ひとくちの幸せ

濃い味最高。

めんたい味がすきです

いないいないばあ みたいだけれど
むしろ大人が笑う
「たぷ」絵本。

たぷの里のすべてを見通すまなざし……

たぷの里

藤岡拓太郎
さく・え

ナナロク社

【たぷの里】
さく・え：藤岡拓太郎
ナナロク社

いないいないばあ みたいだけれど
むしろ大人が笑う
「たぷ」絵本。

たぷの里の
すべてを見通す
まなざし……

【もしもだるまにであったら】

作：山田マチ　絵：福島モンタ
あかね書房

あかね書房

【ぼくのニセモノをつくるには】
作:ヨシタケシンスケ
ブロンズ新社

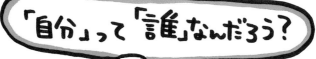

トムは真夜中の庭で

フィリパ・ピアス作
高杉一郎訳

【トムは真夜中の庭で】
作：フィリパ・ピアス　訳：高杉一郎
岩波書店

ポップ担当日記⑩

【ドラゴン学入門—21課のドラゴン学講義】
作:ドゥガルド・A. スティール　訳:こどもくらぶ
今人舎

ママ、ヨルムンガルド…

飼っても いいでしょ…？

くーん くーん

ヨ、した3う

【ドラゴンの飼い方】

著：伊藤慎吾
実業之日本社

ママ、アノマロカリス…

飼っても いいでしょ…？

くーん くーん

ひろって ください

ママ、アノマロカリス…

飼っても いいでしょ…？

くーん くーん

ひろって ください

【古生物の飼い方】

著：土屋 健
実業之日本社

【恐竜の飼い方】
著：土屋 健　監修：群馬県立自然史博物館
実業之日本社

【リアルサイズ古生物図鑑　古生代編】
著：土屋 健　監修：群馬県立自然史博物館
技術評論社

ポップ担当日記 ⑪

【星を継ぐもの】
作:ジェイムズ・P・ホーガン　訳:池 央耿
東京創元社

【妖精たちが見たふしぎな人間世界】
作：スヴェータ・ドーロシェヴァ　訳：竪山洋子
マール社

【偶然仕掛け人】

作：ヨアブ・ブルーム　訳：高里ひろ
集英社

あなたも、そう。
☑偶然、木村書店に来る
☑偶然、ポップコーナーに立ちより
☑偶然、この本を見つける
…ほらね！

ポップ担当日記 ⑫

【ねこのおもちゃ絵】
作:長井裕子
小学館

【魔法少女の秘密のアトリエ】
著：魔法アイテム錬成所
ホビージャパン

木村書店オリジナルグッズ

木村書店＆ネットで買えるかわいいグッズ！ 製作秘話は121ページからのまんがを読んでくださいね。

抹茶味とプレーンのクッキー二段重ねね！

カッパのおさら

描きおろしのおはなし冊子！

おみせがまってまーす!!

オリジナル缶バッジ5種フルセット

1つはシークレット！どんな絵柄かな？

クッキー6枚入り＋おはなし冊子1さつ

きむらしょてんのどくしょのおともクッキー

おやつにちょうどいいサイズのクッキー♪ 読書のおともに◎

プレーン＋まっちゃ

ココア＋いちご

きむしょ店頭限定販売

ふたつあわせてもんこ！

きむらしょてんのどくしょのおとも きむねココア

きむらしょてんのどくしょのおとも ポップレーン

大きなクッキー3つ＆小さなクッキー6つのうれしいボリューム！

※木村書店店頭限定販売

きむらしょてんのどくしょのおともクッキー
（ポップレーン／きむねココア）

タテ：21センチ（持ち手部分を含めず）
ヨコ：29.5センチ
マチ部分：9.5センチ

トートバッグ Sサイズ

タテ：37センチ（持ち手部分を含めず）
ヨコ：36.5センチ
マチ部分：11センチ

本をたくさん買ってもだいじょうぶ！描きおろしイラストがカワイイです♪

トートバッグ Mサイズ

第 **7** 章

ゾワゾワワクワクしちゃう本

【悪い本】
作：宮部みゆき　絵：吉田尚令　編：東 雅夫
岩崎書店

はじめまして。

あなたが来ることを知っていました。
わたしを ひらくことも。

ちがうねん

ジョン・クラッセン　作　長谷川義史　訳

【ちがうねん】
作：ジョン・クラッセン　訳：長谷川義史
クレヨンハウス

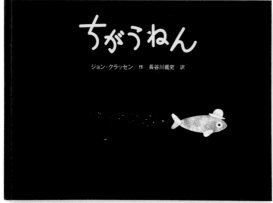

自分に言い訳するたびに

あの小魚が宙ではねる。

【オニガシマラソン】
さく・え：トロル
教育画劇

モ モ

ミヒャエル・エンデ作
大島かおり 訳

【モモ】

作：ミヒャエル・エンデ　訳：大島 かおり
岩波書店

ゲストは生者!?ドキドキ!!
朝まで☆オバトーク

【ぼくが死んだ日】
作：キャンデス・フレミング　訳：三辺律子
東京創元社

ゲストは生者!?ドキドキ!!
朝まで☆オバトーク

わあぁぁー

【夜の庭師】
作：ジョナサン・オージエ　訳：山田順子
東京創元社

こころをとらえてにがさない。

ショーニン・マグワイア　原島文世訳

不思議の国の
少女たち

【不思議の国の少女たち】
作：ショーニン・マグワイア　訳：原島文世
東京創元社

…そんな子供たちの学校があるんです。

異世界から戻って来た子供に一元の世界は辛すぎる。

ポップ担当日記 ⑬

あかるいうみ。
きれいなうみ。
ふかいうみ。
ほのぐらいうみ。

【ぼくらは海へ】

作：那須正幹
文藝春秋

あかるいうみ。
きれいなうみ。
ふかいうみ。
ほのぐらいうみ。

【パパラギ】

作：エーリッヒ・ショイルマン　訳：岡崎照男
SBクリエイティブ

ドキッ

南海の酋長が語る

わたしたちの

生きかた

「現代社会」

【わざと忌み家を建てて棲む】
作：三津田信三
中央公論新社

全国の事故物件を集めて
一つの建物つくったから
そこに住んで感想きかせて

って言われたら
どうする…？

【真夜中ごはん】
作：イシヤマアズサ
宙出版

夜食という
約束された幸せの
詰め合わせ❤

こんな顔になっちゃう本です。

どうしても書けぬ。

あやまりに文芸春秋社へ行く。

拝啓　〆切に遅れそうです

〆切本

左右社

【〆切本】
著者：夏目漱石、谷崎潤一郎、江戸川乱歩、川端康成、稲垣足穂、太宰治、埴谷雄高、吉田健一、野坂昭如、手塚治虫、星新一、谷川俊太郎、村上春樹、藤子不二雄A、岡崎京子、吉本ばなな、西加奈子ほか（全90人）
左右社

【ゾンビサバイバルガイド】

作：マックス・ブルックス　翻訳：卯月音由紀　翻訳監修：森瀬繚
エンターブレイン

【 絶対に出る　世界の幽霊屋敷 】
作：ロバート・グレンビル　訳：片山美佳子
日経ナショナルジオグラフィック社

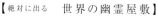

本屋ですが
ステキなめがね.あります。

めがねを外すと…

みらい
めがね
それでは息がつまるので

荻上チキ
ヨシタケシンスケ

【みらいめがね】

作：荻上チキ　ヨシタケシンスケ
暮しの手帖社

本屋ですが
ステキなめがね. あります。

ポップ担当日記⑭

シネマ食堂

飯島奈美

【シネマ食堂】

作：飯島奈美
朝日新聞出版

POPのここは穴が
空いています！

木々のスキマから
こっちをみてる。

【山怪　山人が語る不思議な話】
作：田中 康弘
山と渓谷社

木々のスキマから
こっちをみてる。

第 8 章

東北を本で旅する

【日本の美しい里の絶景】
作：富田 文雄
パイインターナショナル

肌で感じた風、
とびこみたい川、
あいたいあの人、

帰りたい
日本の里

【女わざ】
作：森田珪子
新泉社

ポ ッ プ 担 当 日 記 ⑮

私の大学テキスト版5

東北朝市紀行

池田進一【著】
Shin'ichi Ikeda

こぶし書房

【東北朝市紀行】

著：池田進一
こぶし書房

東北の朝市にいる
おばちゃんの写真と、
方言もそのままの
おしゃべりの記録
ほっこりする売買が
ここにはあります。

ポップ担当日記 ⑯

休日にふと思い立ち、昔からの夢だった、

「服を着たままスイカ丸々素手で一個食い」をやってみました。

「おいしい〜」

「スイカおいしい〜」

でも何だか自分の人間らしさが失われてゆく気がします。

「これが30代独身の休日かあ!!!」

「ハハハ」

ちなみにこれ企業アカウントです。

あの食堂、グラタンフライ、湊の朝市…青森に"きゅっ"ととりょうたグルメコミックです

【流浪のグルメ　東北めしⅢ】
作:土山しげる
双葉社

青森どはおでんにしょうがみそをつけてくれるコンビニもあるよ！

【津軽先輩の青森めじゃ飯！】
作:仁山渓太郎
秋田書店

青森まるごと的、グルメコミックス☆

け!!※食べろッ

青森どはおでんにしょうがみそをつけてくれるコンビニもあるよ！

木村書店の今

青森県・八戸市にあるまちの小さな本屋、木村書店

昨今、「まちの本屋さん」がどんどん少なくなる中で。

ありがとうございます!

今日はあなたがレジなのね〜!

レジ

地域のお客様に支えられて90年以上営業してきました。

進む紙の本離れを書店員としても一人の本好きとしても実感し。

本紹介楽しいな〜

「本屋さんで本を選ぶ楽しさを知ってもらいたい」の想いで始めたツイッター

定休日以外は毎日更新の「本紹介」「ポップ担当日記」を続けるにつれ、

久しぶりに本屋にきました

ツイッターを見た市内の方が遊びに来てくれるようになり、

遠方から旅行・帰省の際にお店に来てくれるお客様も

東京から来ましたー！

あらそんなに遠くからありがとうございます

「以前よりも来てくれる人の年代が広がって嬉しいね」

ツイッター更新ムリはしないでね

はい！

社員の間でもそんな話になる事が増えた矢先

122

2020年、新型コロナウイルスが世界中に暗い影を落としました。

一時はマスクを手作りしていました…

様々な職種が大きな打撃を受ける中、

「はい、木村書店です!」

プルルルルル

木村書店でも、一時的な休業など様々な理由で雑誌の定期購読の解約が相次ぎました。

お客様の「コロナウイルスがおちついたらまた絶対雑誌をとるので…」との言葉に励まされつつ、

「終息までは時間がかかりそうだね…」

いつまで続くか分からない不安も。

何もしないままで
不安なくらいなら…

やってみたかったこと
やっちゃおう!!
よし…!

まずは
木村書店オリジナル
グッズ作りから
始まり、

トートバッグ

缶バッジ

地元の業者さんと
コラボして
オリジナルの
デザインしつつ

オリジナルのクッキーも

普段のツイートも
なるべくペースを
崩さないように
気をつけて……

2020年

すべてが
目まぐるしかった

うちあわせだー!!

励みになったのは
やはりお客様からの
声でした。

コメントが
ついてる!

「普段読まない本を手に取るきっかけになりました」

「朝の楽しみです」

「いつか絶対行ってみたい」などなど沢山のお手紙やツイッターのコメント.

地元の方々の「ずっと地域の安心できる本屋さんでいてね」の声、

そして様々な人の想いがつまったすてきな本があるからこそ…

今日も木村書店は元気に開店します

いらっしゃいませ、まちの本屋さん!!

八戸市のすてきなもの・場所

ハ戸ブックセンター

秋には大きな
ブックフェスも☆

八戸中心街にある
市営の本屋さん。
ドリンクを飲めたり
座れるハンモックが
あったりと
遊び心満載!!
独特な選書と
読書会やトーク
などのブックイベントも
興味的。

DATE
八戸ブックセンター
住所:八戸市六日町16番地2
GardenTerrace1階
TEL:0178-20-8368
開館時間:10:00〜20:00
休館日:毎週火曜(祝日の場合はその翌
平日)、および12/29〜12/31、1/1
公式サイト:https://8book.jp
(ツイッター、フェイスブック、インスタグラム
でも情報発信しています)

いか墨カスター

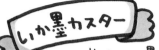

生地にいか墨と
ごまを混ぜ込んだ
しっとりおいしい
黒いカスタードケーキ。
りんご(王林)の
果肉入りの
ジャムと
まろやかクリームが
クセになります!

凍らせて食べても
ベリーグッド!!
ヒヤアマ〜

DATE
しみず食品株式会社
住所:八戸市河原木字神才22-2
八食センター内　創季屋
TEL:0178-28-9762
営業時間:09:00〜18:00
定休日:水曜定休
公式サイト:
http://www.shimizushokuhin.co.jp/

虎鯖棒すし

八戸産の脂ののった鯖を
酢と塩のみで仕上げた棒すし。
口の中でとろける上品な脂と
鯖の旨味は一度
食べたら
もうトリコ♡

「八戸に来てほしい」の
想いを込めて作った
逸品です!!

DATE
八戸ニューシティホテル 魚菜工房 七重
住所:八戸市売市二丁目12-21
TEL:0178-46-0311
Mail:newcityh@hi-net.ne.jp

八戸
あれもこれも
紹介します

生まれも育ちも
八戸です♪

みしまバナナサイダー

おふろあがりに グイーッと一杯!!

八戸市民に昔から親しまれる。ほんのりバナナの香りがするまろやかでやさしい甘みのあるサイダー。炭酸強めで飲みごたえバツグン!

DATE
八戸製氷冷蔵株式会社
住所：八戸市白銀1丁目8-1
TEL：0178-33-0411
FAX：0178-33-0412

えんぶり

豊作祈願のおまつりです

ピーヒョロ ピーヒョロ ピーヒョロ

春の訪れを告げる八戸の伝統文化。大きく美しい烏帽子とダイナミックな舞に圧倒されます。

八戸市内で2月中旬〜下旬に行われる行事です

八戸市営魚菜小売市場

いさばのかちゃ（朝市のお母さん）からおかずや新鮮なおさしみを買うことのできるスポット。朝から活気ある声が飛び交います。

新鮮でおいしそう!

DATE
住所：八戸市大字湊町字久保38-1
（JR八戸線・陸奥湊駅前）
TEL：0178-33-6151
営業時間：朝3:00〜昼頃まで
（各店舗によって異なる）
定休日：日曜日・第2土曜日・1月1日〜2日
2021年6月〜仮店舗営業中
2022年春 新装オープン

※上記の情報は2021年5月現在の情報です。

「青森の八戸にある小さな本屋さんの猫がかわいいポップの本」お読みいただき誠にありがとうございます

書店員として毎日本に触れる私、

今回幸せなことに自分が本を出版する立場になり、沢山の方に助けていただきました

木村書店の仲間たち

小学館の担当・Kさん

ステキな本と、それを作ってくれた方々、

紹介させて頂いた地元企業の皆様や、いつも応援してくれるお客様、

一冊の本ができあがるまでに、これほど大勢の人に助けていただいた貴重な経験は

それまでも大切だった「本」という存在を更に特別なものに感じさせてくれました

そして「本」があつまる書店という場もより一層好きになりました

改めて本屋さんっていいなぁ…

これからも地元の人にとって「昔から近くにある居心地の良い本屋さん」でありたい…

U・R・A

その気持ちを忘れずにがんばります

ぎゅっ

また いつか お会い しましょっ !!!

青森の八戸にある小さな本屋さんの猫がかわいいポップの本
2021年7月17日　初版第1刷発行

著者／ポプ担

発行人／鳥光裕

発行所／株式会社小学館

〒101-8001 東京都千代田区一ツ橋2-3-1

編集　03-3230-4702

販売　03-5281-3555

印刷　／凸版印刷株式会社

製本　／凸版印刷株式会社

本文用紙／マルガリーライト（三菱製紙八戸工場）

装丁・本文デザイン／梅津由美子

写真　／横田紋子（小学館）

単行本編集責任者／小野綾子（小学館）

編集　／黒田泰子（小学館）

制作　／直居裕子（小学館）

資材　／朝尾直丸（小学館）

マーケティング／綾部千恵、斎藤穂乃香（小学館）

c Shogakukan 2021 Printed in　JAPAN

ISBN 978-4-09-388821-9